Zage
Inventario del Dormiveglia

matteozaggia@gmail.com

Copyright su testi e illustrazioni © Matteo Zaggia 2020
Tutti i diritti riservati.
ISBN 978-1-71668-882-9

C'è una porticina nascosta, dietro al Gran Teatro. È l'ingresso di servizio, dove s'intrufolano individui sospetti. Faccio capolino, con discrezione, e nella penombra vedo tutto un via vai d'attori sfuggevoli che rimuginano copioni indecifrabili. Devo scostarmi se non voglio essere travolto da bestie rare e sconosciute, ma col piglio da primadonna. Mi attardo nei corridoi che danno al Palco, per curiosare tra i bauli abbandonati. Son carichi di oggetti di scena, cianfrusaglie enigmatiche che nessuno mai reclamerà. Nessuno nota me, che prendo nota.

Questo posto è il Dormiveglia e il mio compito è farne un inventario.

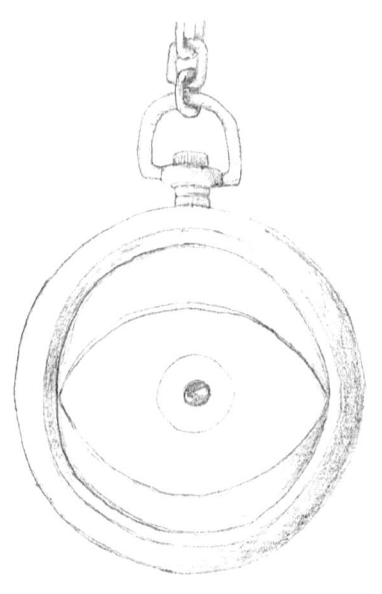

Occhiologio

Non vede l'ora
di vederla, l'ora.
Ma in un battito di ciglia
quella è già passata.

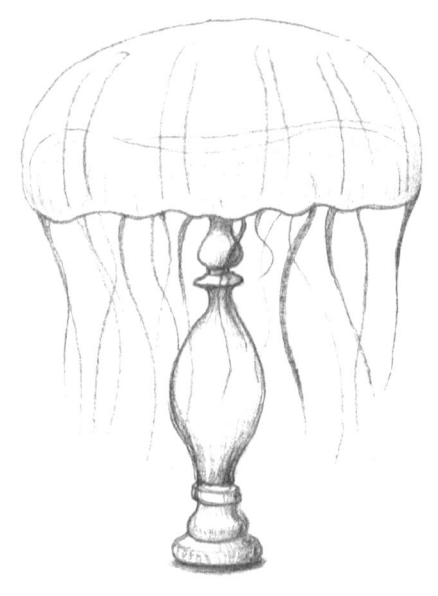

Lampedusa

Non capisco
come possa
darmi sempre
una scossa.

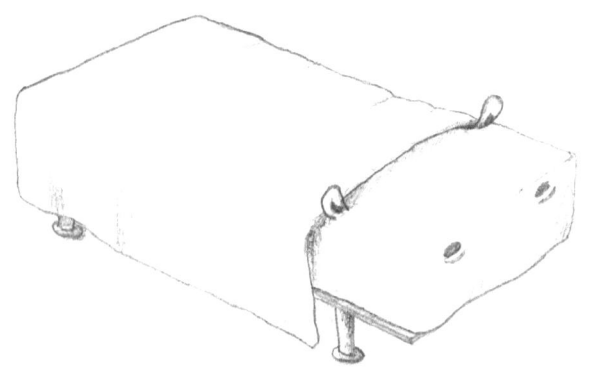

Ippopotalamo

L'animo molle
e alquanto affamato,
vorrebbe solo
esser rimboccato.

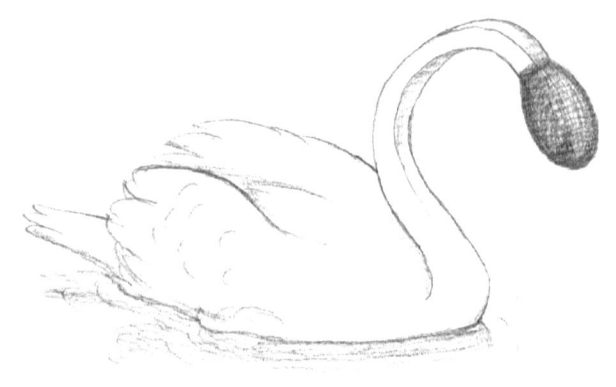

Cerigno

È sufficiente
un po' di prurito
e vedremo
un bel balletto.

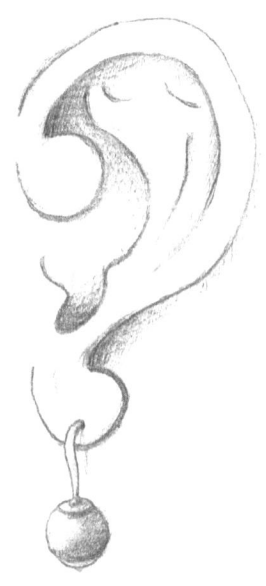

Orecchio Interrogativo

Togliesse
quella perla,
sarebbe tutto più chiaro,
o no?

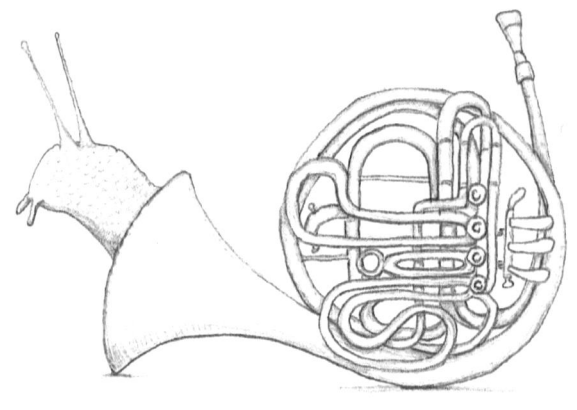

Lumacorno

Grazie ai suoi corni
posso affermare,
senz'ombra di dubbio,
che sia francese.

Tranello

Abbi fede,
questa ferrovia è vera
e da qualche parte
arriverà.

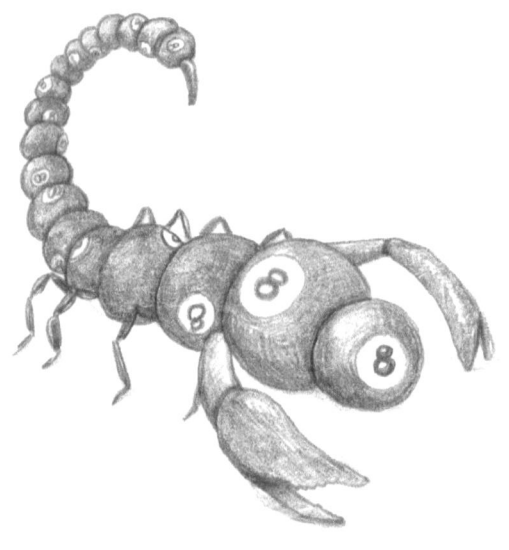

Scorpiotto

Se ti buca,
è la fine.

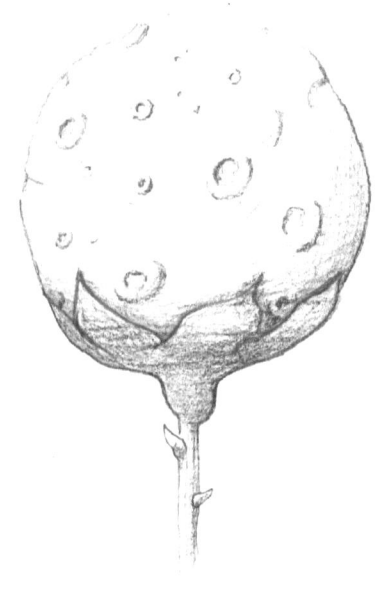

Asterosa

Volevi dei fiori,
ti ho regalato
la luna.

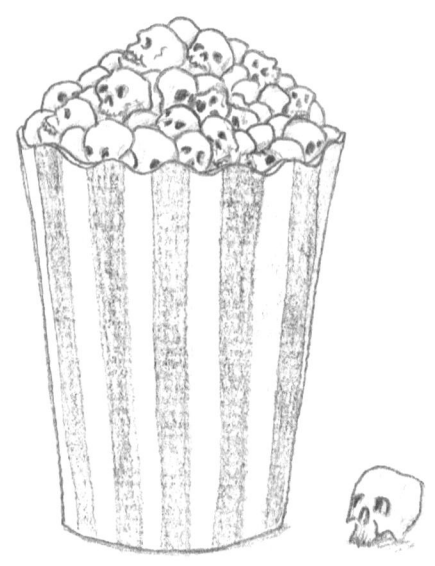

Pop-Crani

Che spaventi,
roba che perdo
i denti.

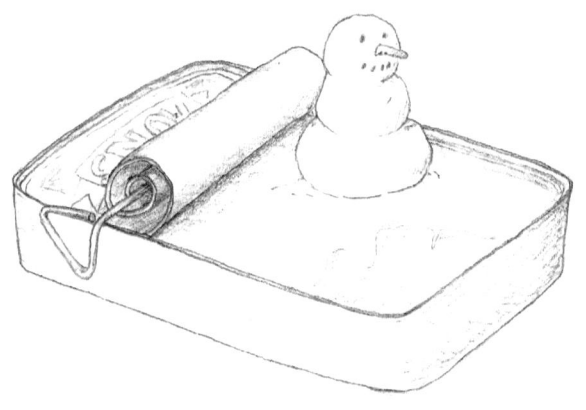

Sardineve

Chi l'ha detto
che un cibo in lattina
non possa sciogliersi
in bocca.

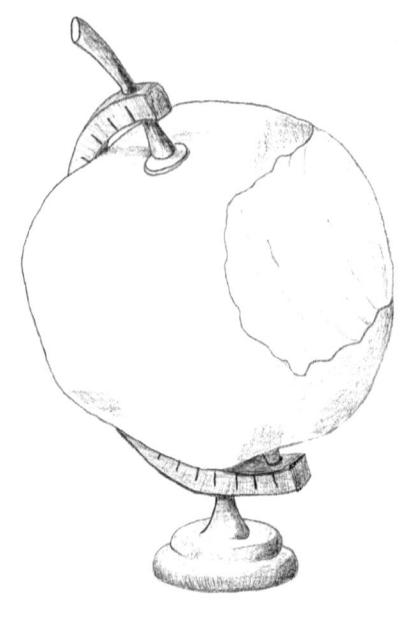

Mappamela

È un peccato,
volevo andare proprio
lì.

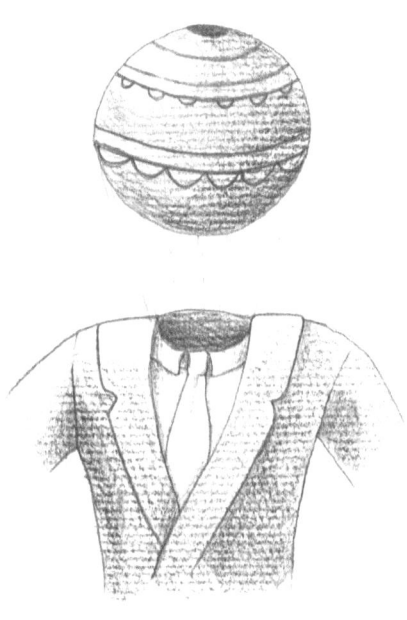

Uomongolfiera

Sembra darsi arie,
ma ha solo la testa
fra le nuvole.

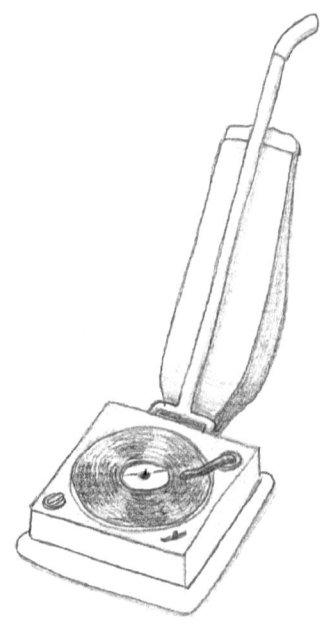

Aspiradischi

La solita solfa,
vuoi spegnere?
Starei tentando
di ascoltar musica.

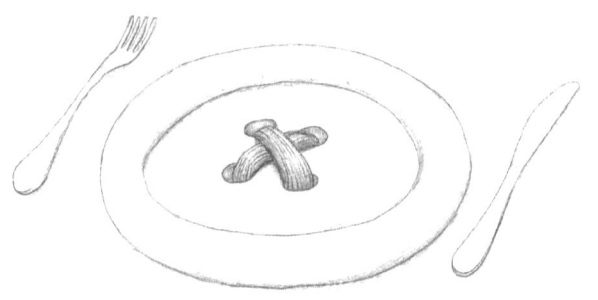

Piattone

Fila via,
attaccabottoni.
Io mangio
d'asola.

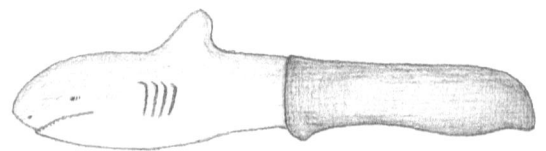

Squaltello

Sarei più sereno
a brandire
un branzino.

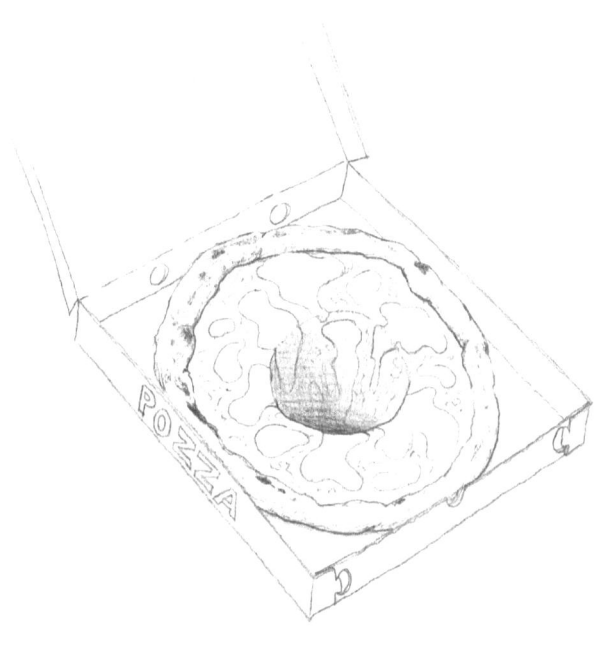

Pozza

Mi è caduto
un pomodorino.

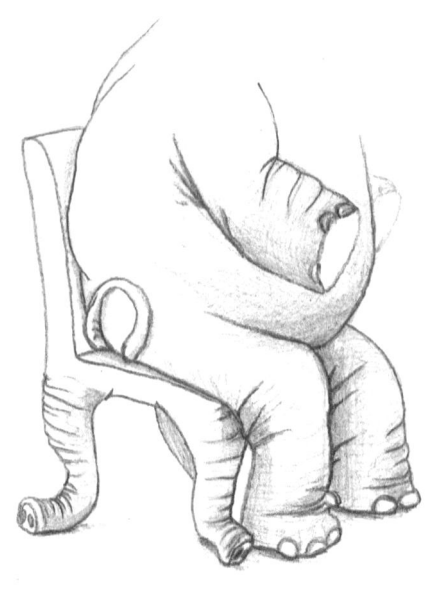

Proboscedia

A naso,
direi che quella sedia
è sua.

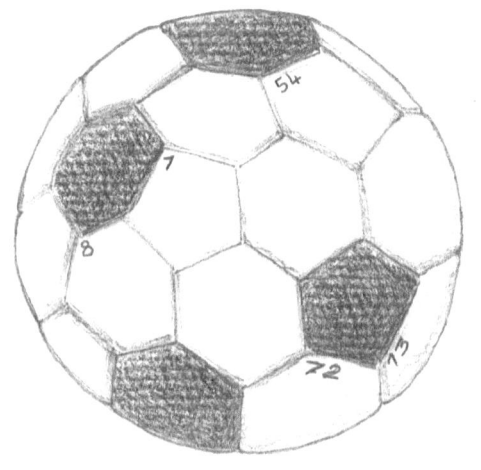

Pallone Enigmistico

Lo compilo
con rigore
all'incrocio
dei pari.

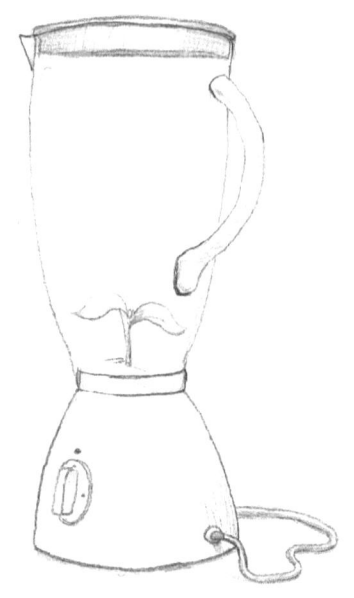

Frullafiore

Non frulla
nulla
ma è tanto
bello.

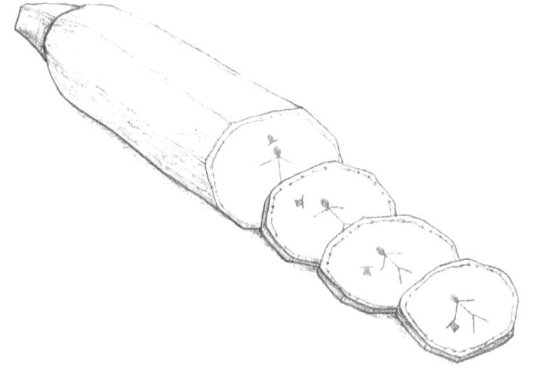

Flip-zook

Ogni zucchina
ha la sua
storia.

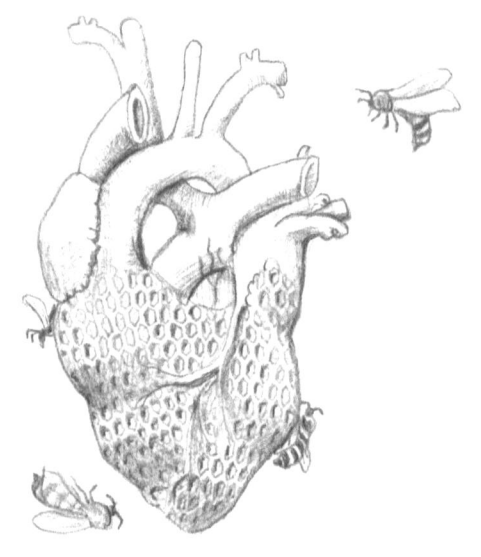

Alvecuore

C'era una volta
la regina
del mio cuore.

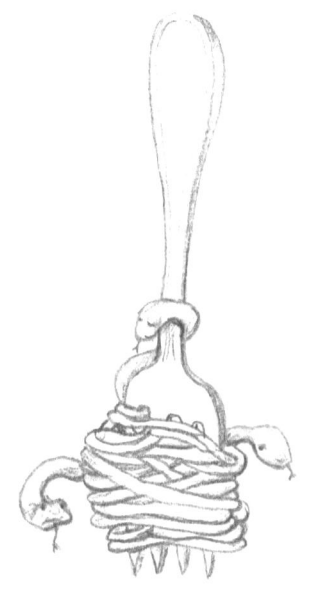

Serpetti

Si consiglia
un sugo semplice
e non, per dire,
all'arrabbiata.

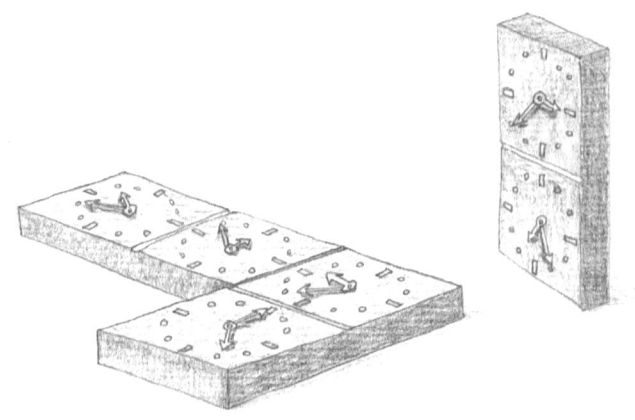

Dominologio

Fu
la mossa giusta
un minuto
fa.

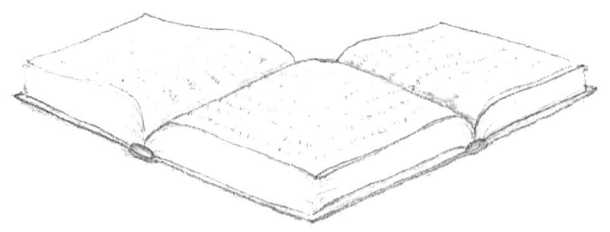

Un Libri

Un intreccio
così avvincente
che non riesco
a chiuderlo.

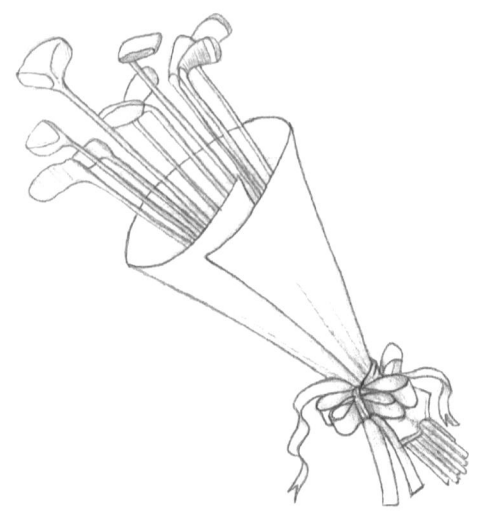

Mazzo da Golf

Se mi dà buca
anche questa volta,
me lo tengo.

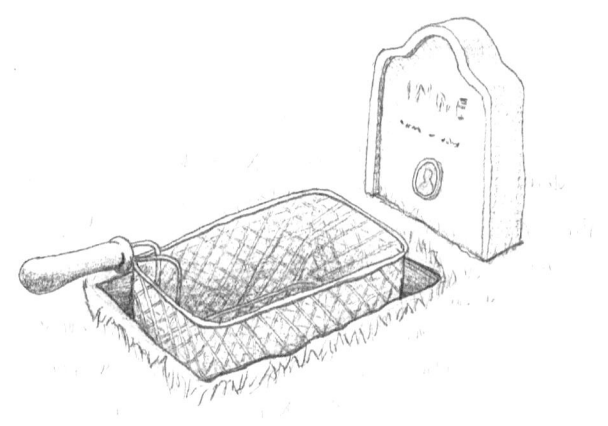

Friggitomba

Avevo chiesto il forno.

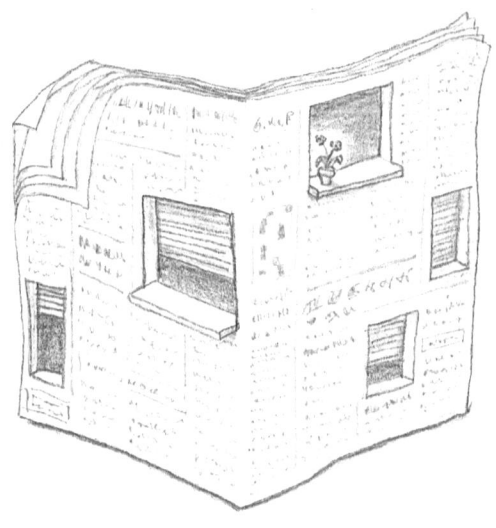

Accartamenti

La signora
del trafiletto
conosce i gossip
di tutti.

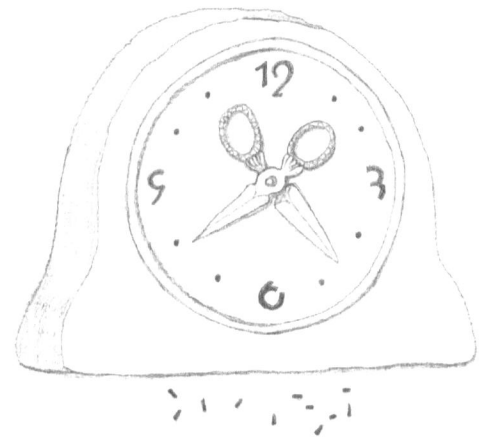

Zic Zac

Quest'orologio
spacca il minuto:
sono proprio le qua
e trentanò.

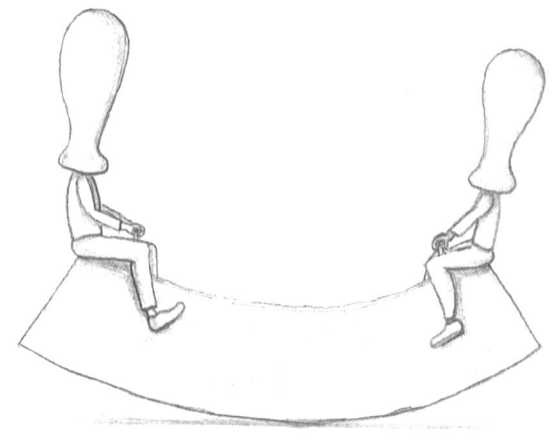

Mezza Altaluna

Ci ripenso
con affetto
a quanto ci
prendeva la testa.

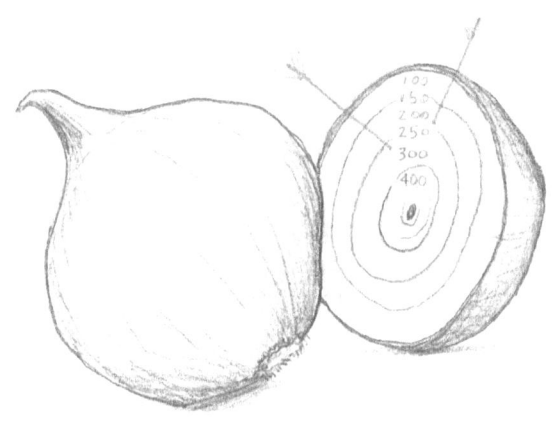

Centripolla

Hai fatto centro:
è proprio lei
a farmi
piangere.

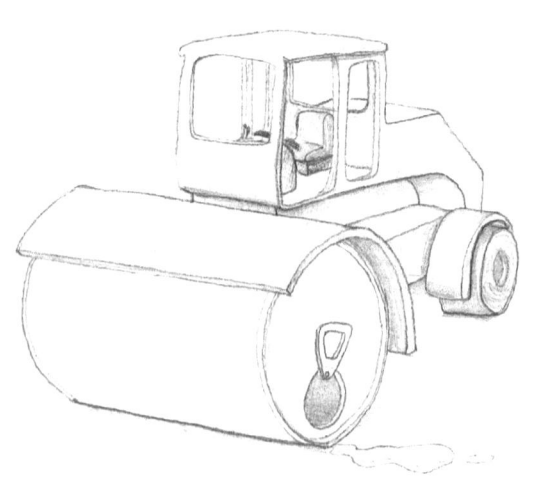

Birrullo Compressore

Quando la finisco
la schiaccio.

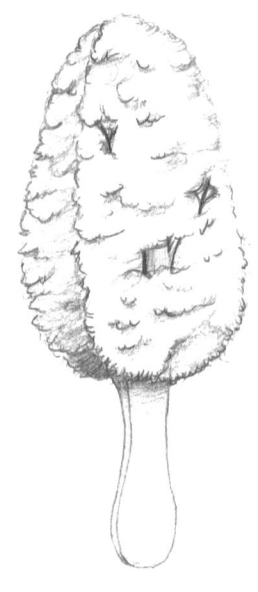

Gelalbero

Mi lascia sempre
la lingua verde,
oltre al pollice.

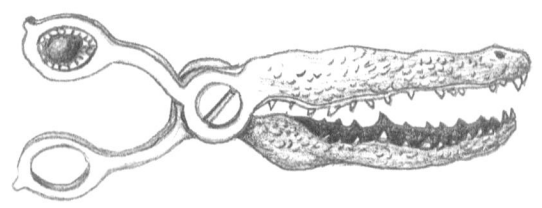

Forbidrillo

Attento
a non tagliarti
un braccio.

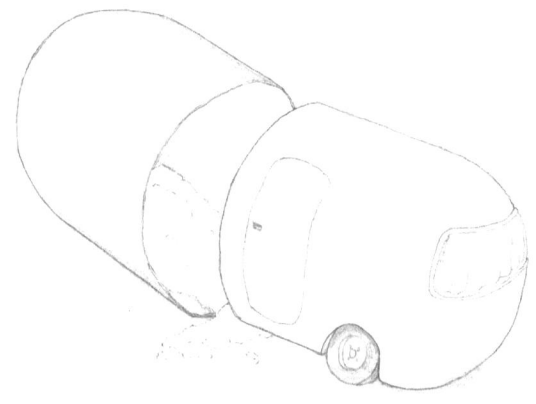

Capsoulotte

Piccoli viaggi,
a piccole dosi.

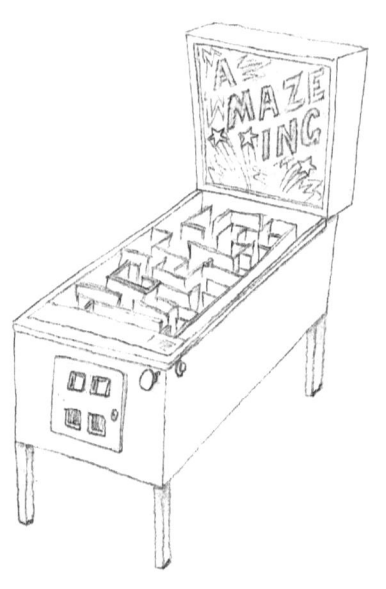

Flippirinto

È un imbroglio:
si perde
a trovar l'uscita!

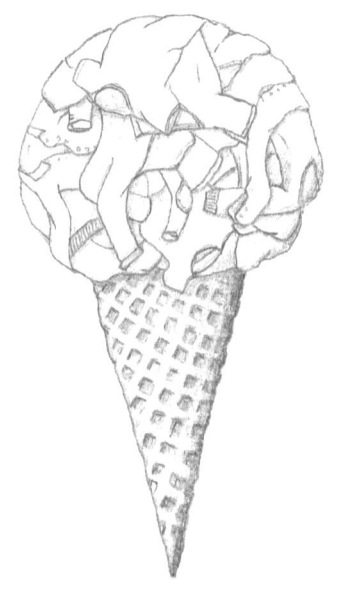

Gusto Panni

Fa
più voglia
una centrifuga.

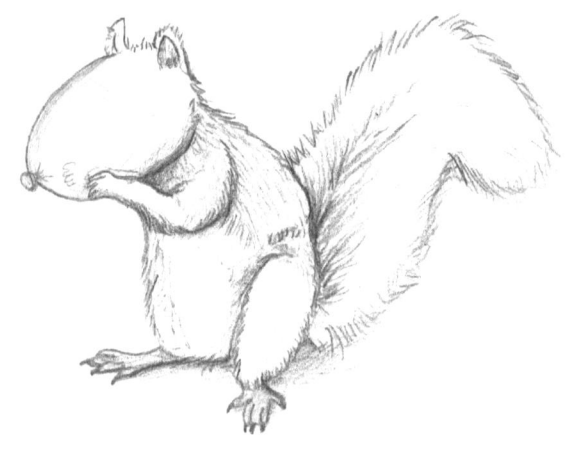

Scoiattoloncino

Io starei
attento
con quei denti.

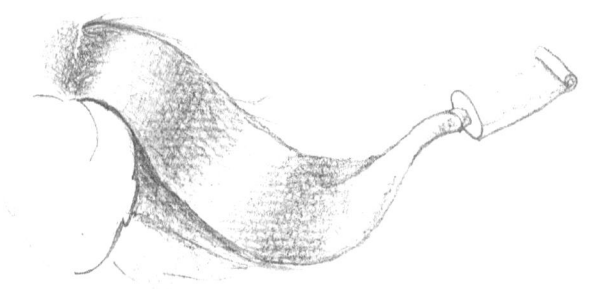

Fluentifricio

È da pazzi
spazzolarli
dopo i pasti?

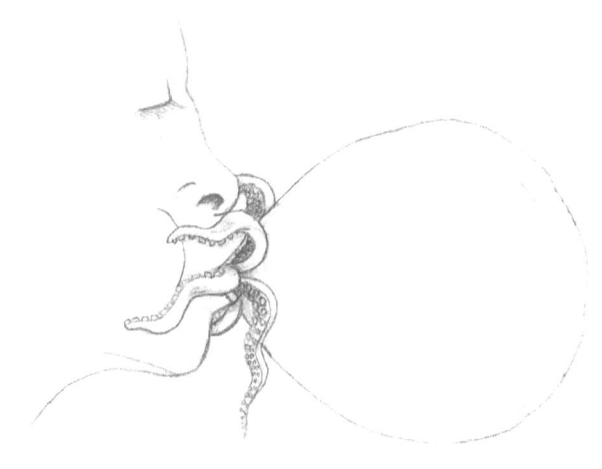

Polpo da Masticare

Forse
un po' troppo
gommoso.

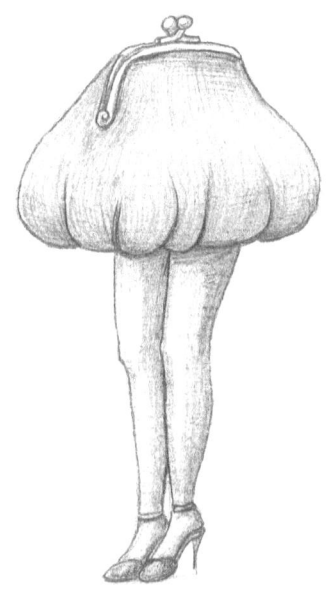

Gonna a Borsellino

È costata
due spicci.

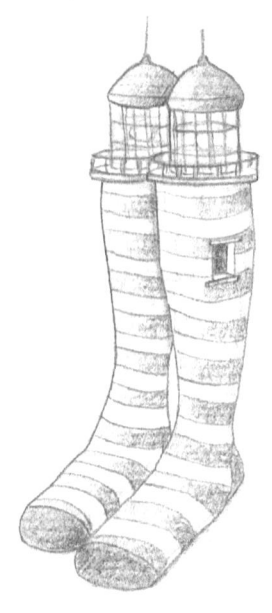

Calze a Farighe

Lo scoglio
è farsi piacere
lo stile
alla marinara.

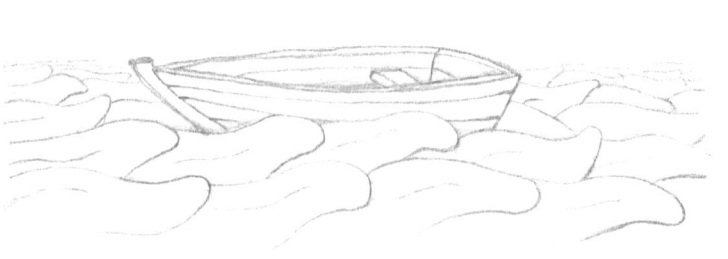

Galleccamento

Bla bla bla
blub blub blub.

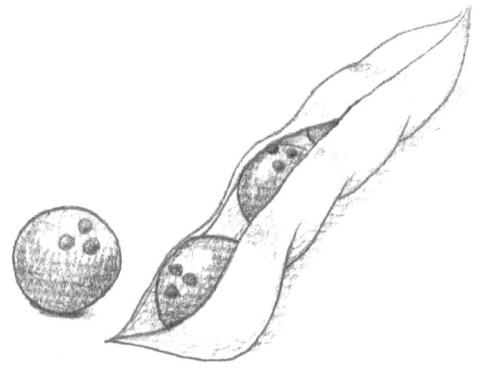

Bowcello

Un'americanata.

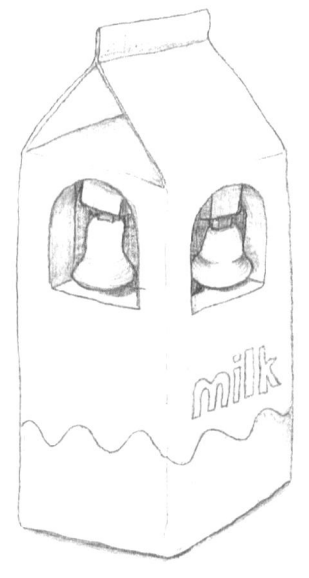

Campanilatte

Il latte
delle otto
cadenza rintocchi
solo se in scadenza.

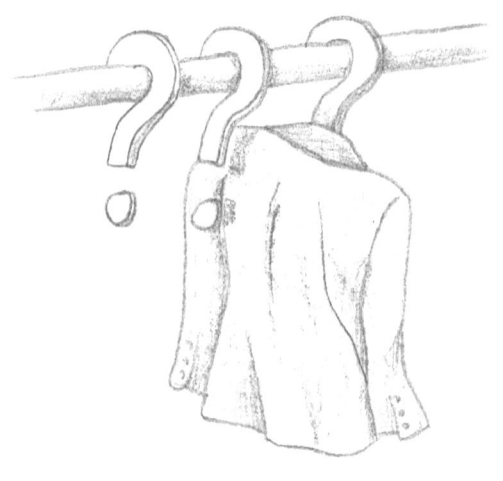

Grucce di Domanda

Ogni giorno
lo stesso cruccio:
oggi che metto?

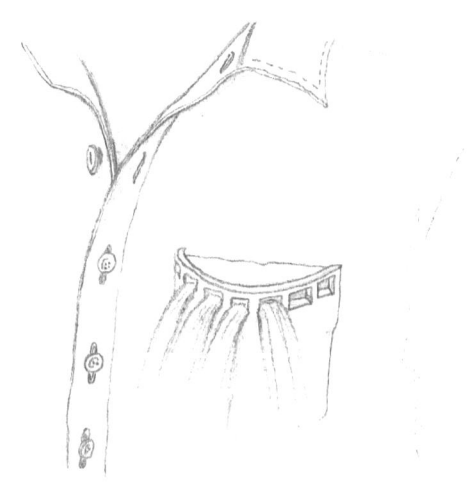

Digaschino

Tendo
a tenermi
tutto
dentro.

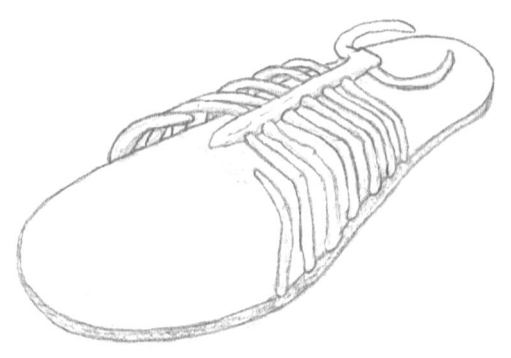

Cassandalo Toracico

Scomodini
ma il piede
respira bene.

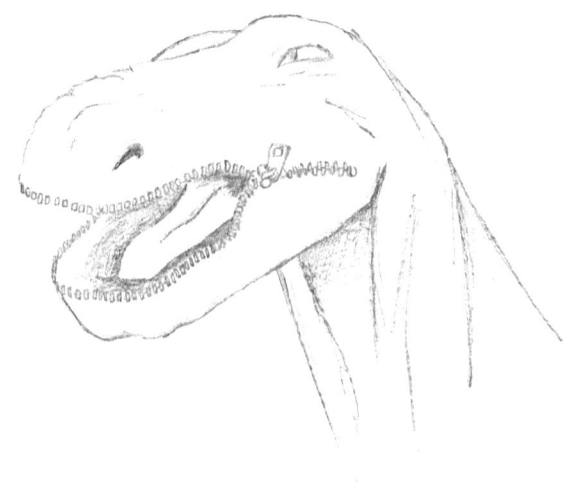

Zipposauro

Zitto zitto
s'è estinto
in un lampo.

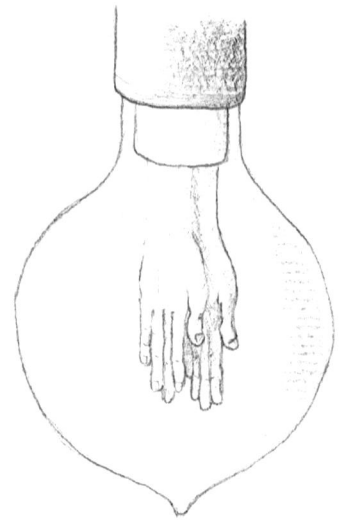

Lampadita

Chi ha spento
l'alluce?

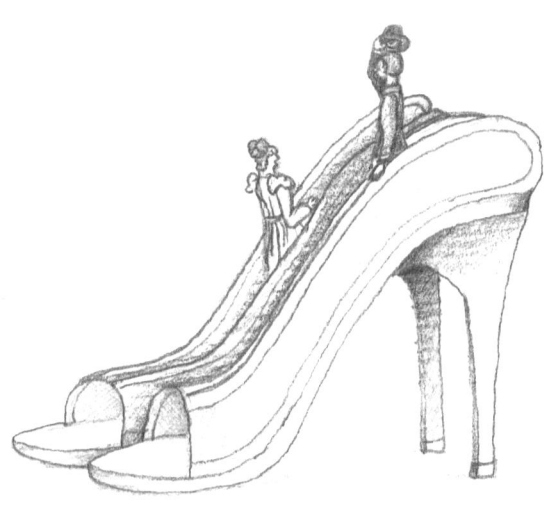

Scarpe Mobili

Giri i tacchi
e scenda con me!

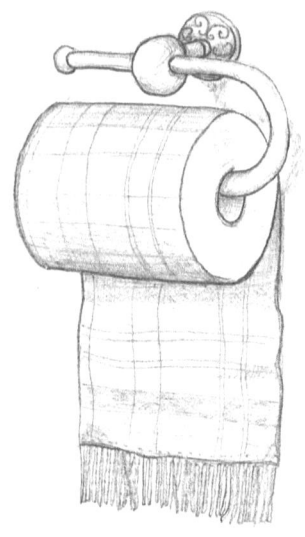

Sciarpa Igienica

Fa' uno strappo
ed esci
col freddo.

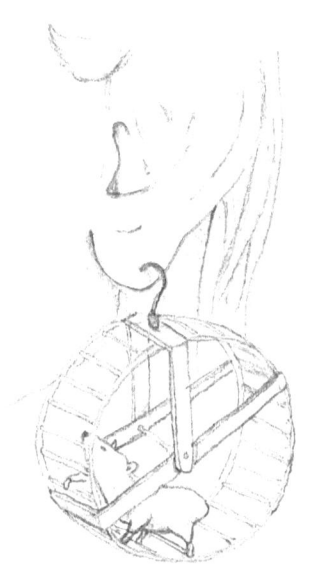

Oreccricetino

Rode
non averne
uno uguale.

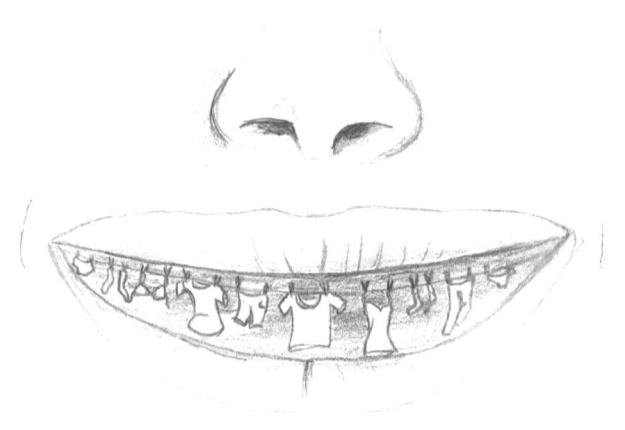

Sdentino

Dondolano,
mossi da un alito
di vento.

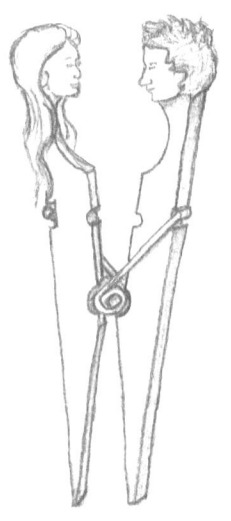

Innamolletta

Mollami.
No, mollami tu.

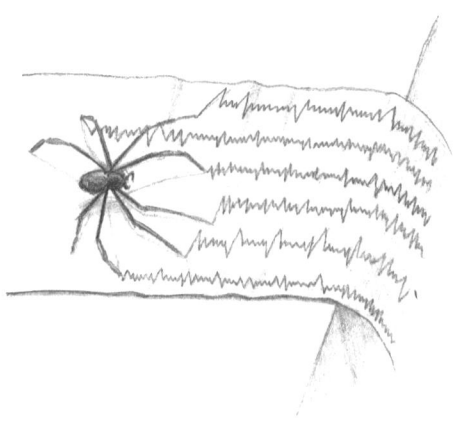

Sismogragno

Trama
addirittura
di far tremare
di paura.

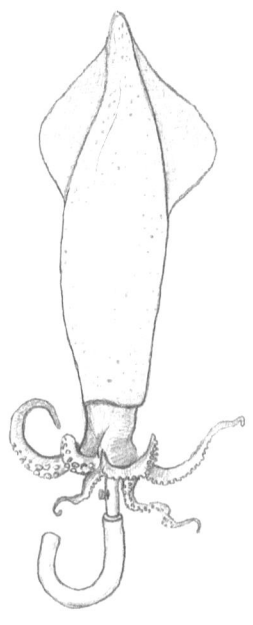

Calambrello

Mi fa diventar
nero,
non riesco mai
ad aprirlo!

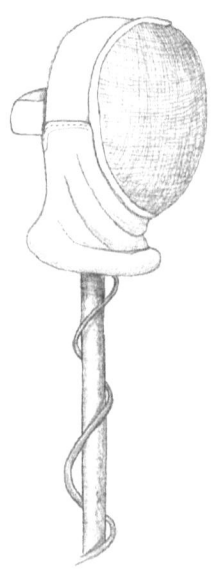

Schermicrofono

Fioretto
o falsetto?

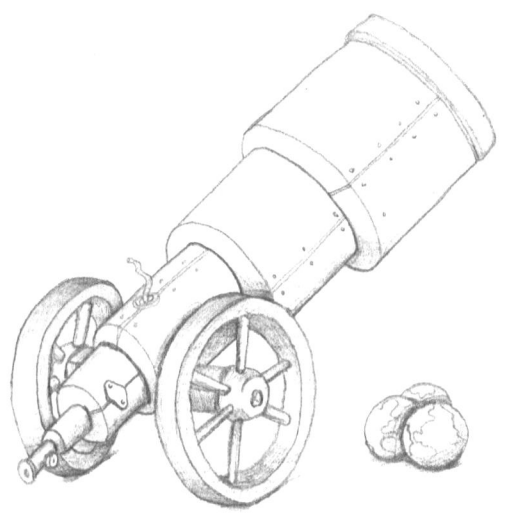

Cannocchialone

Mira!

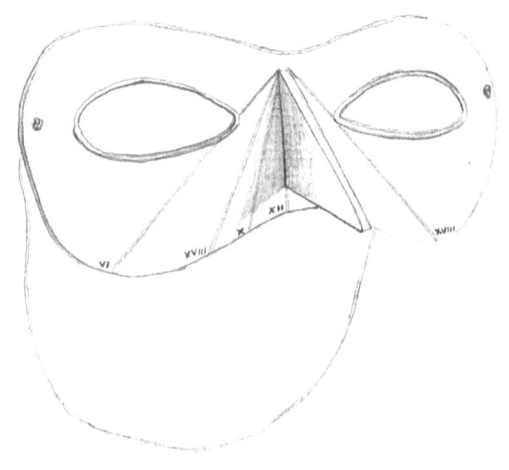

Mascheridiana

Punto lei,
al ballo,
che è puntuale.

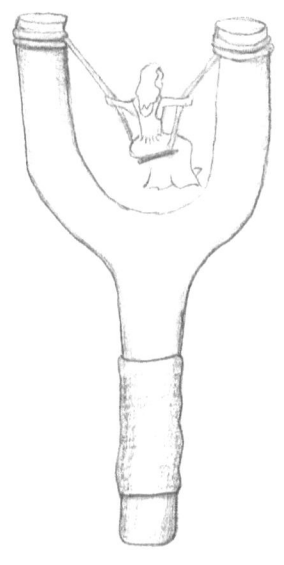

Fiondalena

Non
spingere forte,
stavolta.

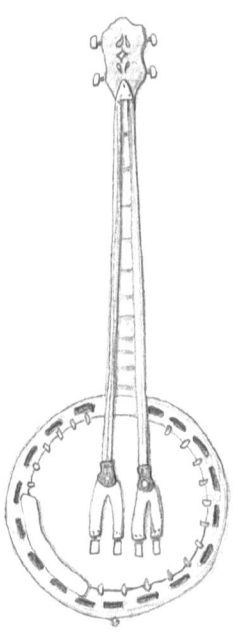

Bretellenjo

C'è da dire che
le note
le sostiene
molto bene.

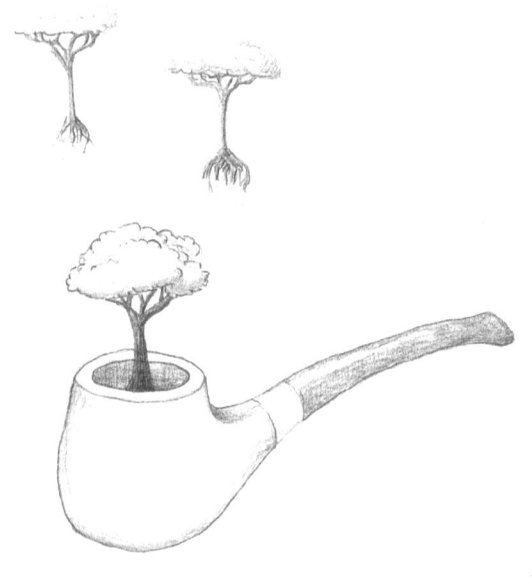

Pipini

Sbuffava, il nonno,
raccontando
delle nostre radici.

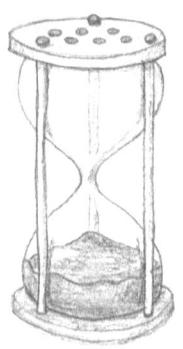
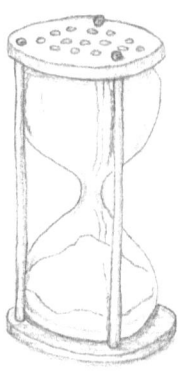

Salissidre

Ti do un
secondo
per passarmi
il sale.

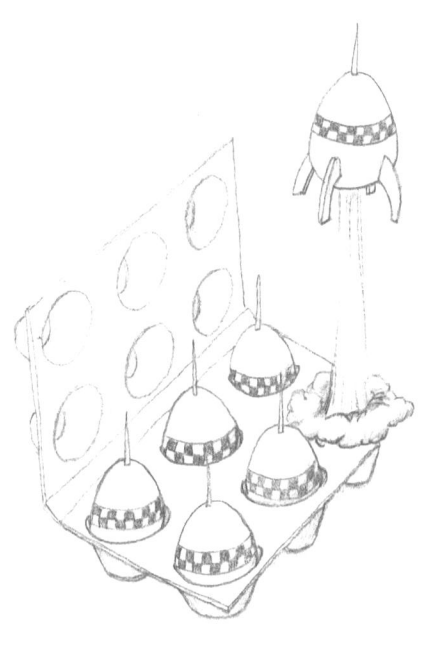

Astronuova

Carbonare
spaziali.

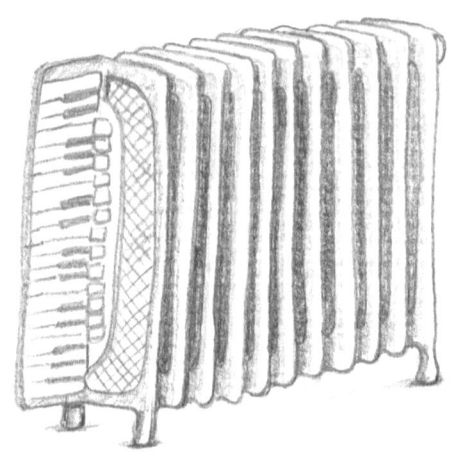

Fisarmosifone

S'è un po'
arrugginito
col tempo.

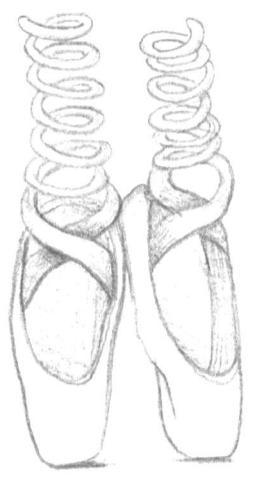

Mollerine

Ho fatto
i salti mortali
per trovartele.

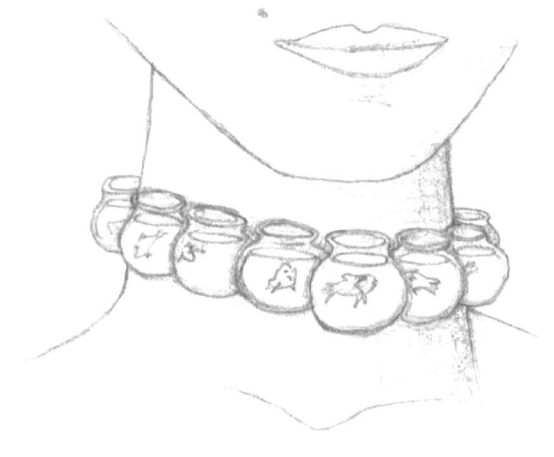

Acquollana

Non ricordo
dove l'ho
comprata.

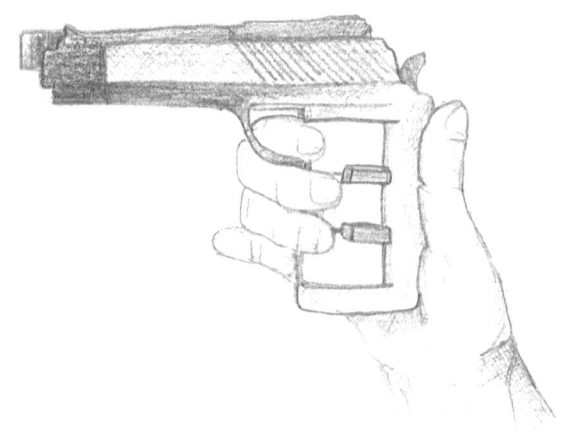

Cinque Note

Vado là
e gliene canto
quattro.

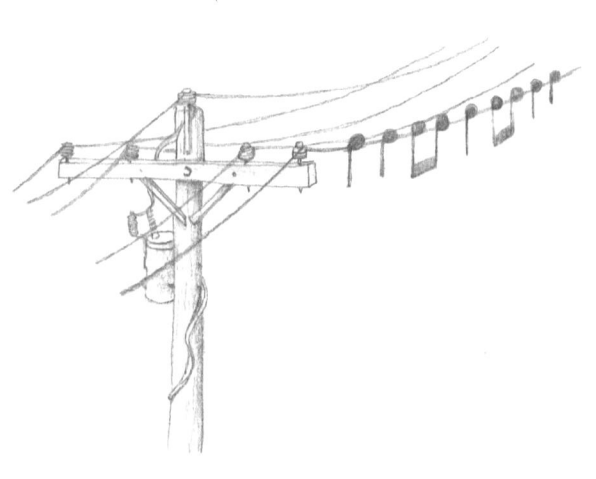

Pentraliccio

C'è un
motivo
se mi
stan là.

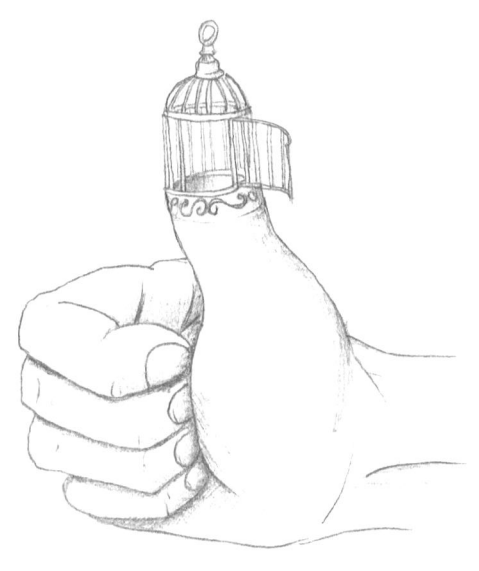

Polliera

Ho smesso
di succhiarmi
il pollice.

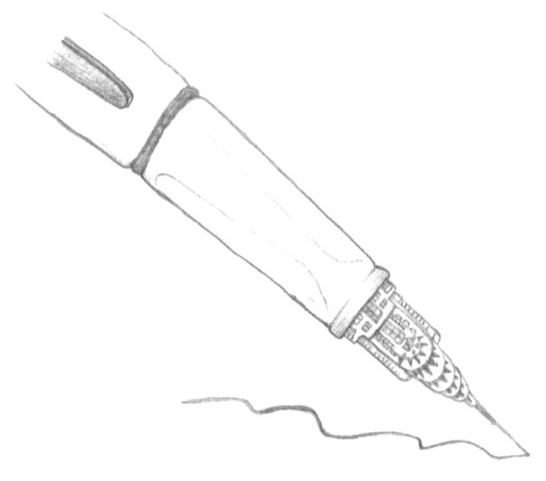

Penna Stilochrysler

Un pennone
per pennino.

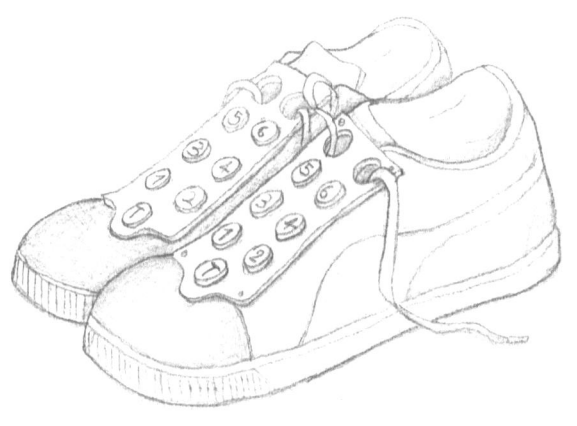

Scarpascensori

Preferisco
star coi piedi
per terra.

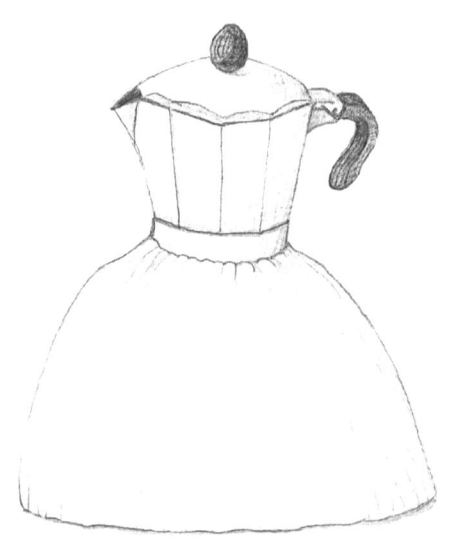

Spoka

Nervosa
per il gran
giorno?

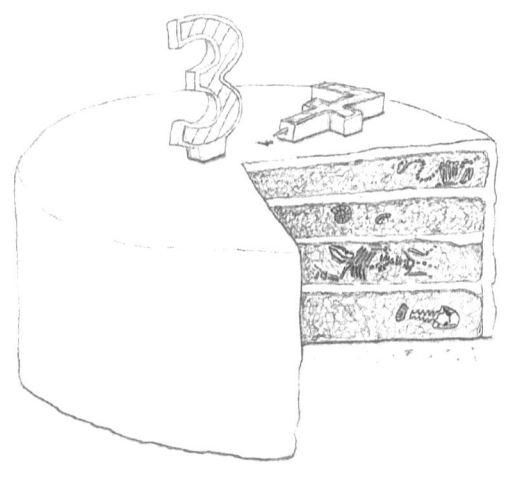

Sedimentorta

Sembro
più giovane.

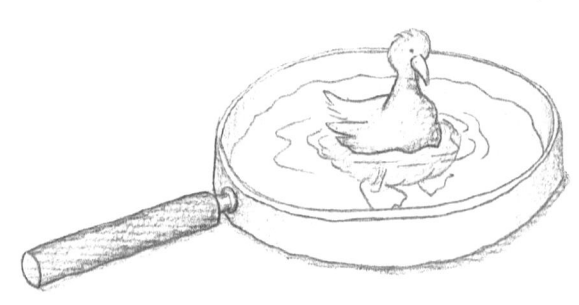

Stagno d'Ingrandimento

Pareva,
da lontano,
una papera.

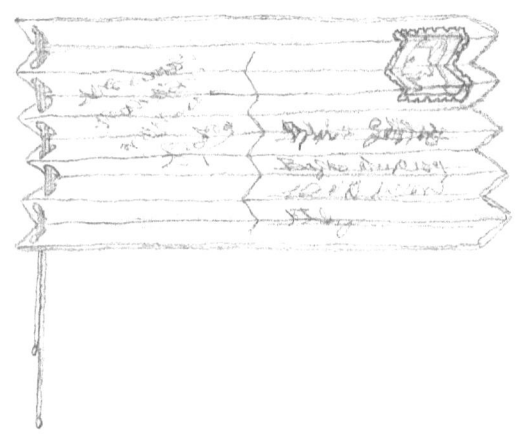

Cartolina Veneziana

Tra le calli
colla tenda
anche no.

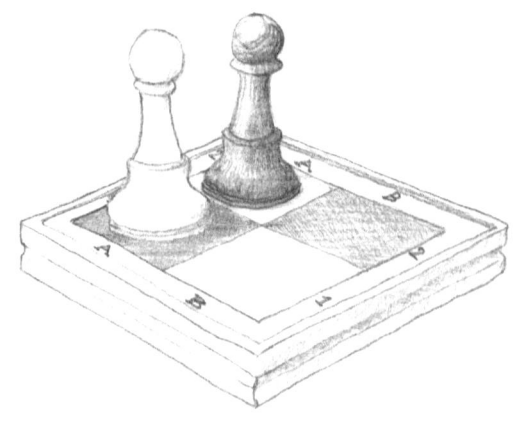

Stallo

Il Re non c'è,
e ora
che si fa?

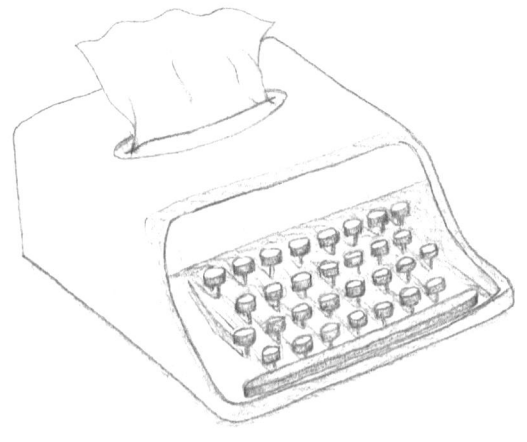

Macchina per Piangere

Ho scritto una cosa
un po' strappalacrime,
ma poi ho strappato
tutto.

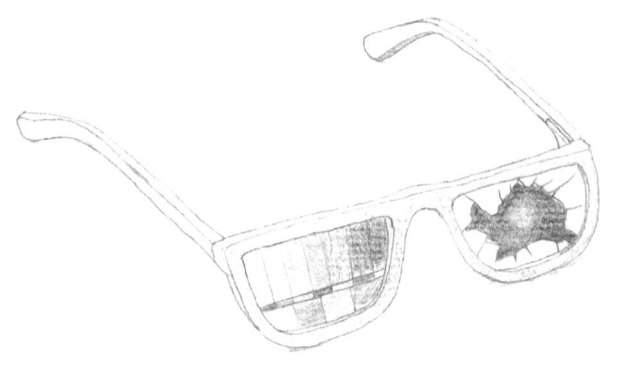

Occhiali Catodici

Li ricompro,
conosco
i canali giusti.

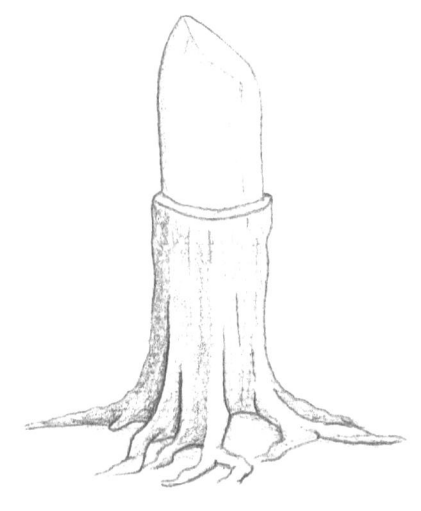

Trunco

La prima volta
ci siamo baciati
proprio
lì.

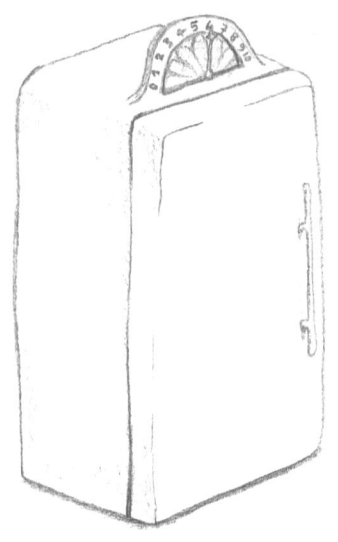

Ascensorifero

Scendo
a prendere
il latte.

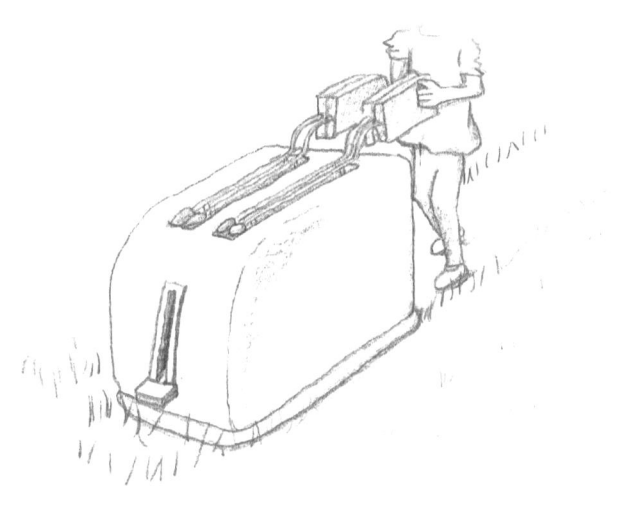

Tostaerba

Tosto,
'sto coso,
ma costa.

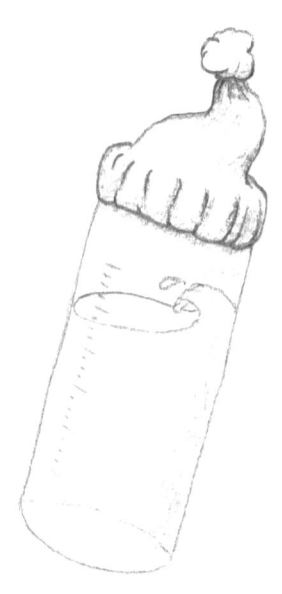

Biberretto

È bon ton
ciucciare
il pon pon?

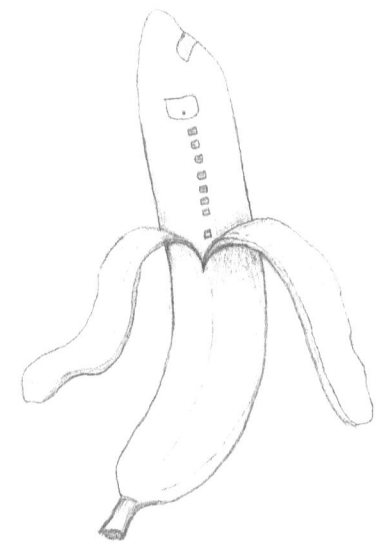

Aeroplatano

Importato
via
nave.

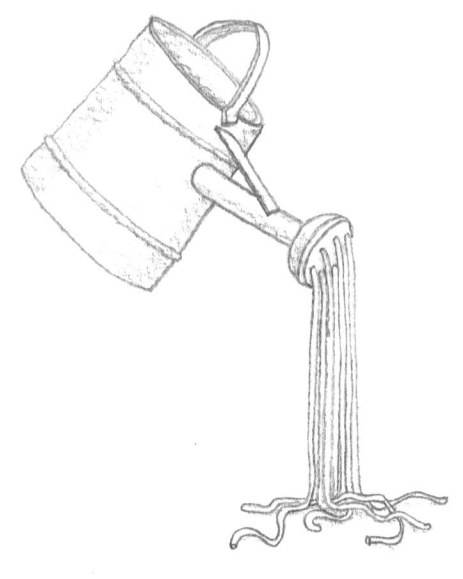

Innaffiatorchio

Abbeverare
diventa
una trafila.

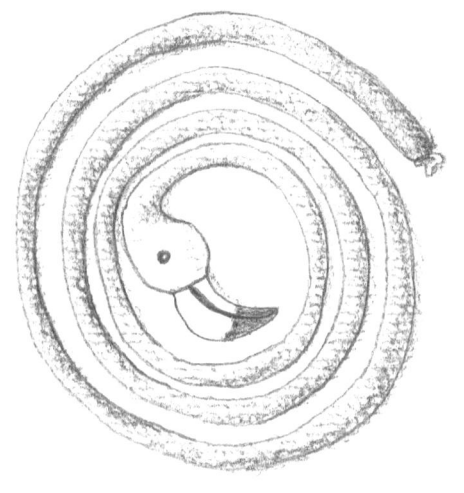

Salsicciottero

Gola
fa gola.

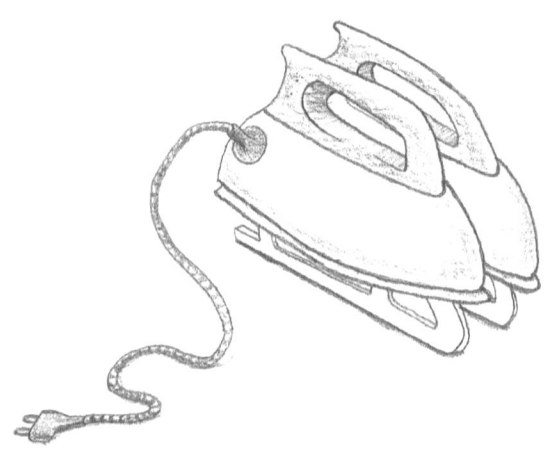

Pattini da Stiro

Mi son stirato
e non li uso
più.

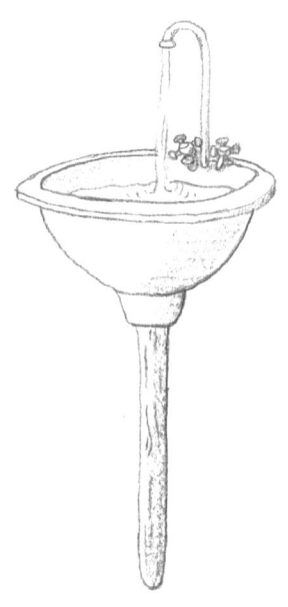

Lavandino Sturalavandini

S'ingorga
una volta sì
e una no.

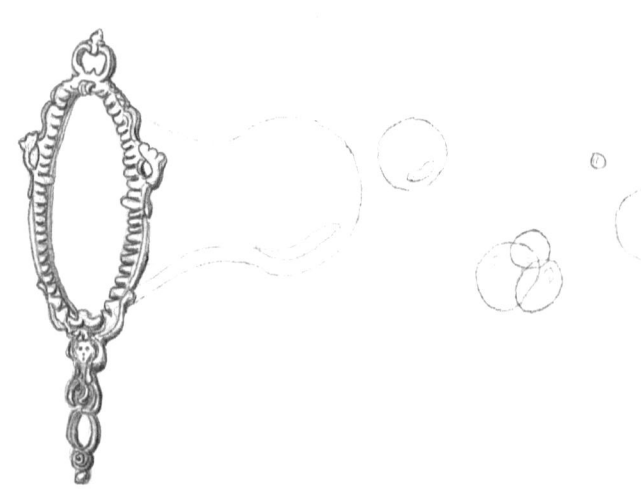

Bolle di Riflessi

Tornate qua!
Quei riflessi
sono miei!

Poi commetto un errore. M'interrogo e metto in discussione, chiedo i motivi e le ragioni, dubito della Fisica e della Logica. Si scatena un parapiglia. Gli abitanti del Dormiveglia s'affrettano, sconvolti. Raccolgono quanto riescono nelle loro valigie senza fondo e si dileguano. In men che non si dica, rimango solo, bandito dai corridoi bui. Della porticina da cui ero entrato non c'è più traccia. I ricordi si fanno sottili e svaporano, come bolle di sapone, senza far rumore. In mano mi resta questo libretto di appunti.

Amici cari, il vostro sostegno e l'entusiasmo per le mie cose non sono mai gratuiti ed è per questo che sono così preziosi. Carlo: è nella tua curata libreria di opere segrete e misteriose che ho trovato le ispirazioni (e il coraggio) che molti anni fa si sono piantate come semi nella testa. Stefania, innamolletta: sono il tuo costante supporto, consiglio e incoraggiamento che hanno permesso a questo oggetto di essere sfogliato oggi. Grazie a tutti voi.

www.ingramcontent.com/pod-product-compliance
Lightning Source LLC
Chambersburg PA
CBHW030951240526
45463CB00016B/2340